Charline Alcantara

D1877058

39 Wahnsinns Wochen

Wahre Cartoons zu Schwangerschaft, Geburt und Wochenbett

edition riedenburg

Inhalt

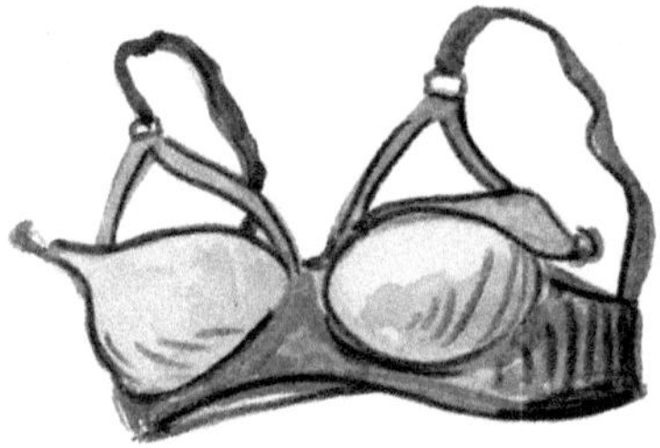

Dieses Buch ist eine

Überraschung für:

Überraschung!

Ich bin in der sechsten Woche schwanger und wenn ich ehrlich bin, hätte mir schon viel früher etwas auffallen müssen.

Schwangerschaft

1. Woche

Warum so schwindelig?

2. Woche

Mir stinkt es

POP
CORN

3. Woche

Extrem reizbar

PIZZA

4. Woche

Nah am Wasser

5. Woche

Spontane Gelüste

6. Woche

Gedanken an die Zukunft

7. Woche

Empfindlichkeiten

Fisch
Fritz

8. Woche

Informationsflut

BABYs
9 MONTH
natürliche
Geburt

9. Woche

Das erste Mal Freude beim Zunehmen

10. Woche

Spürnase

11. Woche

Das erste Mal deinen Herzschlag hören

PokPokPokPokPokPokPOK-Pok pok Pok Pok Pok Pok Pok Pok-Pok-Pok po k Pok Pok Po

12. Woche

Dringend, dringender, am dringendsten: Nahrungsaufnahme

BURGER

13. Woche

Vaterbilder / Mutterbilder

14. Woche

Hitzewallungen

15. Woche

Ganz schön rund!

SOY UN ALIEN
DE OTRA PLANETA

16. Woche

Das erste Mal einen Sitzplatz in der Bahn angeboten bekommen.

17. Woche

Schlafen, egal wo

18. Woche

Was Spaß macht, ist verboten!

19. Woche

Wer bist du?

20. Woche

Werdende Mütter unter sich

21. Woche

Jetzt schon heiß geliebt:
mein Stillkissen

22. Woche

Zeit für mich

23. Woche

Dreisamkeit genießen

24. Woche

Vorfreude

Phone
Baby Dream

25. Woche

Die Kugel nervt!

26. Woche

Immer steiler: Treppen

27. Woche

Der heißeste Sommer meines Lebens

28. Woche

Allgemeingut Bauch

H

29. Woche

Gefühlschaos

30. Woche

Wilde Nächte

31. Woche

Nestbautrieb

White

32. Woche

Yoga soll helfen

33. Woche

Blickfang sein

34. Woche

Die Kugel feiern

35. Woche

Kugel im Weg

36. Woche

50 Zentimeter Baby – in meinem Bauch?

37. Woche

Wahnsinns Wampe

SALI

38. Woche

Zeit, sich bedienen zu lassen.

39. Woche

Es geht los!

SUPER GIRL

Stark wie nie zuvor

Geschafft!

Wochenbett

Mein neues Leben
auf dem Sofa

BABY
PIZZA

Angst vor dem ersten Klo-Gang

Wochenbett-Wellness

Baby-Blues

Riesendurst!

Ich fühle mich leer

Kann ja mal passieren?!

Die lieben Besucher

Neid auf den frischgebackenen Papa

Neu verliebt

Super-Mama werden.

Buchempfehlungen des Verlags edition riedenburg

Hebamme
Anna-Maria Held
Die Hebammenschülerin
edition riedenburg

Hebamme
Anna-Maria Held
Hebamme Backstage
edition riedenburg

SPERMIEN
Hebamme
Anna-Maria Held
Der ganz normale
Hebammenwahnsinn
edition riedenburg

Sarah Schmid
Alleingeburt
Schwangerschaft und Geburt in Eigenregie
✓Basiswissen
✓Illustrationen und Fotos
✓Erfahrungsberichte
edition riedenburg

Ute Taschner
Kathrin Scheck
Meine Wunschgeburt
Selbstbestimmt gebären nach Kaiserschnitt: Begleitbuch für Schwangere, ihre Partner und geburtshilfliche Fachpersonen
edition riedenburg

Martina Eirich · Caroline Oblasser
Luxus Privatgeburt
Hausgeburten in Wort und Bild
edition riedenburg

Kindersachbücher des Verlags edition riedenburg • Reihe „Ich weiß jetzt wie!"

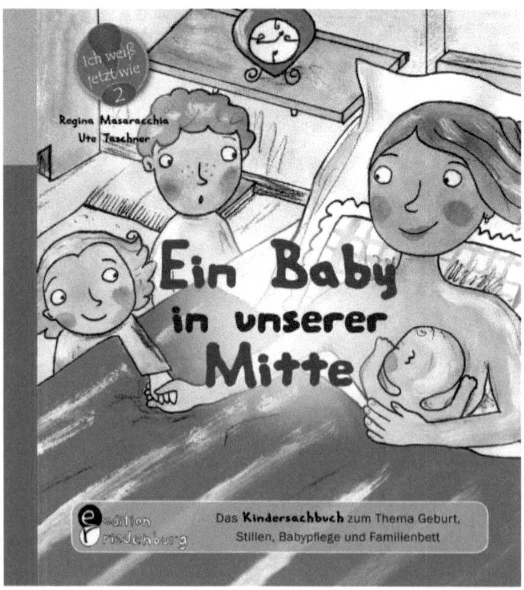

SOWAS!-Kindersachbuchreihe • www.sowas-buch.de

Anna Groß-Alpers
Sigrun Eder
SOWAS! macht Kinder zu Experten für sich selbst
edition riedenburg
Wie war es in Mamas Bauch?
Das Bilder-Erzählbuch für alle kleinen und großen Leute, die auf Zeitreise gehen wollen

Lotta geht schon aufs Klo!
Sigrun Eder
Caroline Oblasser
Claudia Burmeister
edition riedenburg
SOWAS! macht Kinder zu Experten für sich selbst
So bleibt die Hose sauber

SOWAS! macht Kinder zu Experten für sich selbst
Sigrun Eder
Caroline Oblasser
Evi Gasser
So fliegt der Wuschelfloh aufs Klo!
Die Geschichte vom windelfreien Spatzenkind
edition riedenburg

SOWAS! macht Kinder zu Experten für sich selbst
Sigrun Eder
Caroline Oblasser
Evi Gasser
So gehen die Tiere groß aufs Klo!
Mit dem Wuschelfloh auf Klo-Weltreise
edition riedenburg

edition riedenburg
Sigrun Eder
Hannah-Marie Heine
Birgit Brandl
SOWAS! macht Kinder zu Experten für sich selbst
Rosa und das Mut-Mach-Monsterchen
Das Bilder-Erzählbuch für Kinder, die mutiger sein wollen

Susanne Sommer
Sigrun Eder
Evi Gasser
SOWAS! macht Kinder zu Experten für sich selbst
Willi Wunder
edition riedenburg
Das Bilder-Erzählbuch für alle Kinder, die ihre Einzigartigkeit entdecken wollen

Bibliografische Information der Deutschen Nationalbibliothek
Die Deutsche Nationalbibliothek verzeichnet diese Publikation in der Deutschen Nationalbibliografie; detaillierte bibliografische Daten sind im Internet über http://dnb.d-nb.de abrufbar.

1. Auflage	Mai 2019
© 2019	edition riedenburg
Verlagsanschrift	Anton-Hochmuth-Straße 8 5020 Salzburg, Österreich
Internet	www.editionriedenburg.at
E-Mail	verlag@editionriedenburg.at
Lektorat	Dr. phil. Heike Wolter, Regensburg
Satz und Layout	edition riedenburg
Herstellung	Books on Demand GmbH, Norderstedt

ISBN 978-3-99082-017-9